춤만 남았다

춤만 남았다

글쓴이 / 유대준
펴낸이 / 孫貞順
펴낸곳 / 모아드림

1판 1쇄 / 2011년 1월 17일

서울 서대문구 북아현3동 1-1278
전화 / 365-8111~2
팩시밀리 / 365-8110
E-mail / morebook@morebook.co.kr
http://www.morebook.co.kr
등록번호 / 제2-2264호(1996.10.24)

ⓒ유대준
ISBN 978-89-5664-141-6

* 잘못된 책은 구입하신 서점에서 바꾸어 드립니다.
* 지은이와의 협의하에 인지를 붙이지 않습니다.

* 이 책은 전라북도 문예진흥기금을 받았습니다.

값 7,000원

모아드림 기획시선 130

춤만 남았다

유대준 시집

모아드림

■ 시인의 말

시를 쓰는 시간만큼은 날개를 단다.

삶과 죽음의 틈까지 넘나들 수 있는 자유가 좋다.

그러나 아직 단물이 들지 않는 과일을 따

상자에 담는 것은 아닌지 두렵다.

이제 소리가 칭칭 감긴 고요 속에 들고 싶다.

                     2010년 12월 25일 크리스마스 밤에

차례

시인의 말

제1부 자라감자

감 13
자라감자 14
껌 16
살구나무 18
춤만 남았다 20
우주를 줍다 22
쌈 24
자반고등어 25
햇살을 씹다 26
감나무 28
목탁꽃 29
귀앓이 30
몸이 낯설다 32

제2부 햇살절임

도마귀얇이　35
초겨울 숲　36
참새의 주검　37
수직의 힘, 그 후 – 못　38
할머니의 노점　40
황금물고기　42
햇살절임　44
허공을 걷는 나무　45
복福자 사기그릇　46
멸치꽃　48
두레박　50
빗방울꽃　51
시집 한 권　52

제3부 몽돌, 파도를 감으며

몽돌, 파도를 감으며　55
블랙홀　56
장미　57
점포 임대　58
칼　59
국수　60
편자를 박다　62
고추장 담그기　63
파도여인숙　64
민들레　66
우담바라　67
물의 씨앗　68
현실　69

제4부 벼랑

의자 바퀴자국　73
붉은 주먹　74
허리가 굽는 이유　75
녹차 한 잔　76
키스마크　78
육탈의 고등어　79
아내의 눈물　80
눈 깜작한 사이　81
금붕어　82
하회탈　83
죽순　84
달　85
벼랑　86

■해설
곰삭은 슬픔과 분노와 절망 · 정양(시인·우석대 교수)　89

1부 자라감자

감

움켜 쥔 손마다 핏빛이다

손톱 밑 돌은 봄 뜯고 뜯던 아버지
절망의 깊이까지 자란
붉은 가슴앓이

저건
응고되지 않은 심장이다.

자라감자

고향 안데스를 꿈에라도 얼핏 보았는가

주방 구석에서 파란 눈 뜨고

두리번두리번 쑥 기어나올 자세다

그 놈을 잡아 살며시 유리컵에 앉혀주자

쓰으윽 마음 가는 곳을 향해 몸을 튼다

한 발 디뎌 한 잎 말문 틔우고

한 잎 디뎌 한 걸음 건너는 꿈

한 뼘이 한 생이듯 한 땀 한 땀

허공을 꿰매며 간다

사막을 걷듯 미망未忘의 길

짚어가는 자라감자

숨 가뿐

전력질주다.

껌

굳은 생을 풀어

툭 뱉은 반죽덩어리 굳어가고 있다

잘근잘근 씹히며

뭉클한 혀 굴림 그 달콤함을 맛본 그는

시멘트 위에 각질로 붙어

하루하루 바람과 햇살을 충전해 물기 쏙 뺀 가장자리부터

까맣게 봉인하고 있다

훗날, 퇴적층을 헤집던 지질학자가 그의 몸에서

햇살과 바람 떼어내고

단단하게 눌어붙은 이빨자국, 그 시간을 들추면

손닿는 대로 역사가 되겠다고

시멘트 바닥에 압사壓死한 그의 환몽을

지층 깊이 찔러 넣고 있다.

살구나무

 쏙쏙 뼈가 쑤신다는 기별을 받고 고향에 갔다 검버섯 덕지덕지 핀 스레트 낡은 집이 늙은 어머니를 모시고 산다

 아끼던 옷 주섬주섬 걸치고 병원 가면서도 에미 잘 있고 선이와 철이도 잘 있냐며 어머닌 가족이란 끈을 놓지 않는다

 골밀도 검사를 위해 분홍 가운으로 갈아입은 어머니 "빛깔이 참 곱다 이게 공단이냐 다우다냐" 시집 갈 색시처럼 만져보고 비벼본다

 그때, 젊은 날의 푸른 물살이 주름 속을 잠깐 흘렀을까

 한때 꽃자리였던 엉덩이 테이블에 얹고, 허리 펴지 못한 채 뫼산山자로 눕자, 이미 이승과 저승이 한 몸으로

섞인 차디찬 생, 그 슬픔이, 기계에 읽힌다

  바람 든 고목 한 그루

  팔 남매 키운 풍성했던 젖가슴이 툇마루에 말라붙은 살구꽃잎같이 쪼글쪼글하다.

춤만 남았다

허공에 눌려 ㄱ자로 굽은 할머니
땅만 보며 아주 느리게 걷는다
겨우 한 걸음 내딛기 위해
구석구석 온 힘을 발목에 모아
걸음마 익히는 첫돌박이처럼 몸을 비튼다
쉬엄, 쉬엄, 한 걸음씩 내딛을 때마다
바람과 구름의 표정을 읽으며
길의 방향을 찾는 듯
송신 끊긴 안테나, 미간의 주름을 접었다 펼치며
두리번거리기도 한다
할머니에겐 길이 허공에 매단 외줄인 듯
꼽추가 맘보춤을 추듯
비틀비틀 감나무 아래까지 왔다
미세하게 어두워지는 초저녁 무렵
더 느리지 않고는 이승 빠져나갈 수 없는 속도로
한 걸음 뗄 때마다 몸을 마구 흔든다
지난 날 움켜잡은 시간의 끈이

발목을 감는지
점점 걸음은 없어지고
아득하다
춤만 남았다.

우주를 줍다

거실 문틈에서 씨앗 하나 주웠다
무슨 씨앗? 살펴봐도 알 수가 없다
모든 비밀을 잠가둔 채 우리 집 궤도를 돌고 있었나 보다
그 뿌리가 지표를 뚫고 터뜨릴 탄성과 피워낼 빛깔 몸짓까지
궁금해져 서랍 깊숙이 넣어 두었다
가끔 꺼내 봤지만 깜깜한 어둠만 움켜쥔 채
꿈쩍도 하지 않았다
그 후 그를 기억해낸 건 땀에 젖은 한여름이었다
봄을 보내는 몸부림이 얼마나 컸던지
오랜 상처의 흔적에 말문이 조금 트였다
우거진 불청객 시간들을 쳐내고 화단에 심자
황급히 싹이 돋았다
상처가 부활을 꿈꾸는 날개였음을 그때 알았다
그렇게 과부하 된 생의 맥을 짚어 소통하며
계절 끝까지 감아 올린 줄기는

작은 우주의 생성을 위해
우리 집 내력까지 낱낱이 더듬어
여름에 데어 뜨겁게 울던 매미와 늦가을 서리까마귀
우짖는 소란까지 말아 쥐고 있었다.

쌈

가족이라는 단단한 화음에 틈이 생길 쯤
텃밭 상추 뜯어 쌈을 싸자고
누이가 틈을 메운다
장작불에 솥뚜껑 얹어놓고 빙 둘러앉아
지글대는 냄새에 모두 익어가고 있다
큰형은 새로 산 자동차를 쌈에 싸고
형수는 아파트 값이 억대나 올랐다고
쌈을 씹으면서도 억억거리고
오늘도 상종가라며 지전 튕기듯 동생은
함박 입을 싼다
몇 순배 돌아 너나없이 쌈 속에 들어앉을 무렵,
잎 다 뜯긴 상춧대처럼
공명하던 누이가 오래 익힌 우리 집 가난과
떠도는 헛웃음까지 쌈 싸들고
추억 속에 플러그를 꽂는다
식모살이 갈 때 엄마가 싼 보따리만 하다고
쓰리고 아린 맛, 씹고 씹어 새김질하며
캬, 소리 한 잔 비운다.

자반고등어

눈빛조차 짜다
내장 다 빼낸 뱃속을 소금으로 봉한 채
통증을 발라먹고 있다

시장 모퉁이
물 간 바다 한 자락,
갯비린내 풀풀 날리는 햇살 쬦느라
물 한 바가지 끼얹자
몸을 절였던 바다가 허공 가득 풀린다

간을 쳐도 맛이 스미지 않는 몸

한 때, 꼬리지느러미로 검푸른 바다 휘감았던 그가

더는 상할 것도 없는 짜디짠 고집
그 힘으로

좌판에 누워 온종일 시장바닥 헤엄치고 있다.

햇살을 씹다

늪을 개간한 과수원에서 사과 한 상자 사 왔다
햇살 빨던 젖니는 립스틱 붉은 입술에 갇혀
네모 상자에 통째로 포장되어 있다
상자는 눈부신 햇살 창고다
바다가 밀어 올린 해와 늪에 열린 해가
나선형의 파문을 그리며
공존의 모의를 하고 있다
빛과 향기의 순간, 집은 우주의 시간이다
저건 햇살이 씹은 사과
아니, 사과가 씹어 삼키려던 햇살의 상처에
새살을 채워 그려낸 흉터다
분명, 사과나무도 속에 새벽 이슬무늬를 밀어 넣고
늪 속의 잠든 해를 떠올렸을 것이다
해와 해가 출렁이다 하나의 시간에 머무는 저녁
서녘 창을 비추던 탁자 위의 해를
아이가 한 입 아삭 베어 문다
참 맛나겠다

이윽고 산등성이도 한 입 크게 베어 문 듯
이빨자국이 움푹 패여 있다.

감나무

언뜻 본 감나무
서방질한 년 상판대기다

초록에 가린 붉은 화냥기
세간을 온통
들쑤셔 놓고도

시치미 떼고
떨떠름한 열매만 툭, 뱉는다

그래도 다 안다

가을이 안팎으로 붉으면
누구 씨인지.

목탁꽃

층층이 동백 붉다
예불시간인가

탁,

탁,

탁,

합장한 뜰에
모감지 떨구는 소리

동자야!
동자야!

귀앓이

외이도염이 귓구멍을 막아 세상과 소통을 차단하자
의외의 일이 일어났다

지금껏 듣도 보도 못한 소리가 들리기 시작했다

숨소리, 밥알 씹는 소리, 맥박 뛰는 소리, 온갖 내 소리가
환하게 들리는 거였다

남의 소리만 듣느라
내 안의 소리엔 한번 귀 기울이지 않던 귀가
그 많은 소리를 씹지도 않고 삼키던 귀가
뱉어내느라 귀앓이 하는 걸까

시간이 흐를수록
병마개 비트는 듯한 통증이 쏙쏙, 소리를 키운다

제 소리를 들을 줄 알아야 사는 이치를 안다는데

성인의 말씀 한 줄 없는 내 귓속은
느닷없는 소리에

지금 좌충우돌 엄청난 불협화음 중이다.

몸이 낯설다

스님을 만나 난생 처음 사주팔자를 펼쳐 봤다
금금목金金木생이라 수水가 없단다
수水가 없어 헉헉거리는 궁한 생이란다
마누라가 흘려주는 물로 근근이 목축이며 산단다
풀어 말하면 마누라 덕에 그럭저럭 사는 꼴이다
지금껏 눈물 콧물 똥물까지 쏟아낸 게 얼만데
아니, 지금껏 마셔댄 물 또 얼만데
사람 몸의 70%가 물이라는데
내겐 물이 없단다
모래 먼지 버석거리는 영혼을 만져본다
인생 잘못 살아 물먹은 일도 수십 번
출렁이는 몸을 갖고도 물이 없다니
몸이 낯설다
오늘은 타들어가는 영혼을 위해 물을 마신다
콜라 사이다 소주 맥주 뽕주까지
생각 할수록
젠장,
지미 뽕이다.

제2부 햇살절임

도마

힘껏 내리쳐도 피 한 방울 튀기지 않았다
파닥이던 숨소리 탁, 탁 절단된 순간도
뼈마디 꺾지 않았다
무엇이든 자르려드는 칼의 본성은
금방 목을 비튼 닭의 생피를 물고도
굶주린 노예처럼 파고들었다
그래도 물러서지 않았다
그가 얼마나 많은 날들을 내리쳤는지
상처가 몸에 삼엽충 화석처럼 새겨있다
그때도 그의 운명을 점치지 않았다
오직 그가 할 수 있는 일은
서로 다른 시간을 덧댄 나이테
뒤틀리지 않게 상처를 옮겨 안는
오체투지의 삶, 그뿐
파멸을 희망으로 새긴 그는 목판경전이다.

초겨울 숲

숲길을 걸으면
나무들이
다
변심한 애인 같다
나무 뒤, 또 나무에게
한 발 다가설 때마다
벗어라 벗어라 부질없다고
바람의 길 가라한다
무량한 공허만 마음 들쑤시는
숲길을 걸으면
나무들이
다
변심한 애인 같다.

참새의 주검

장독대 참새 한 마리, 언제부턴가
몸을 해체 중이다
깃털 빠지고 눈동자도 사라지고
내장까지 빠져나온 틈으로
구더기가 꿈틀거린다
그의 영혼을 파내느라 종횡무진이다
산과 들, 마을 배회하며
탁발하듯 산 그에게
어떤 욕망이 해탈에 들게 했을까
모든 움직임이 순간의 정지를 위한 것이었다는 듯
처참한 고통을 보여주는 새
뿌옇게 장독을 뒤덮은 황사처럼
그도 몸짓 없는 날개를 갖고 싶었던 걸까
내일의 높이를 날기 위해
오늘 밤도 대기권 밖,
슬픔의 높이를 그는 날고 있을지도 모른다.

수직의 힘, 그 후
―못

길바닥에 등 굽은 못 하나 버려져 있다

온몸이 검붉다

판잣집 벽에 옷걸이로 사용되었을 못

어떻게 빠져나왔을까

빚보증에 내가 팽개쳐진 그때처럼

재개발 폭풍에 그도 뽑혀 나왔을까

골목골목 이어간 마실길도 사라지고

지금은 노래방, 부동산, PC방 꽉 채운 빌딩이

후미진 모퉁이까지 그림자 세워

등 굽은 그 위에

관 뚜껑 닫듯, 꽝꽝 어둠만 쌓이고 있다.

할머니의 노점

아파트담장 모퉁이엔 할머니가 가꿔 온 하늘이 있다
청테이프 쭉쭉 찢어 바람구멍 막아 놓은
한 평의 푸른 천막
작지만 아늑한 세상엔
별별 게 다 있다
귀때기 시퍼런 시금치, 뱃가죽 쭈글쭈글한 양파
쉰내 물컹한 두부, 잔뿌리 무성한 콩나물
이승에서 굽은 등 저승에서도 펴지 못한 꽃새우 등
저마다 온종일 좌판에 누워
할머니를 팔고 있다
어쩌다 문상하듯 손님이 찾아오면
이것저것 덤까지 싸주며
안부를 묻더니

오늘은 오수가 참 길다

이제 덕지덕지 기운 하늘 내려놓고

환한 세상 밖으로
나오시려나.

황금물고기

 지구가 잠시 심장마비를 일으킨 순간을 빙하기라 불렀다.

 그 추위 벗어나려고 튀어 올랐다 흙속에 박혀 동태 된 물고기가 해빙이 되면서 나무가 되었다는 가설의 어목 魚木을 정원에 방생했다.

 물을 버린 아가미는 쉼 없이 뻐끔거리다 줄기가 되고 지느러미와 비늘은 뿌리와 잎이 되었다는 나무,

 초록의 계절 내내 물소리 허공까지 흘려보낸 나무는 물비늘 정원에 찰랑찰랑 쏟으며 어도魚道를 완성해갔다.

 바람이 너는 나무라고 흔들 때도 회귀만을 꿈꾸며 번민 따윈 안중에도 없는 듯 잎을 비늘처럼 반짝였다.

 그런 어느 날, 물길 다 막고 팽팽히 조율하던 햇살마

저 걷어 내고 모든 소유를 사른 나무는 가을, 절정에서 황금비늘을 휘날리기 시작했다.

   거대한 황금물고기의 유영이었다.

   그렇게 영혼을 떠나보낸 나무는 한겨울 생목불로 남겨졌다.

햇살절임

햇살을 절인다. 뒤섞느라 서해가 온통 소금꽃 파도다.
숨죽어 순한 달빛 같다. 서서히, 수평선을 절이고
푸른 산맥을 절이고
하늘을 절인
짠 빛,

곰소항에 가면
탁탁, 마늘 다지는 소리 쏭쏭, 파 써는 소리
흘러든 바다에
곰삭은
햇살,

입에 쩌-억 달라붙는 맛,
볼 수 있다.

허공을 걷는 나무

산비탈 껴안고 나무 한 그루 까맣게 서 있다

빗물에 길이 불어 트면
뿌리로 산길을 짜던 나무

허공의 가장자리만 움켜쥐고 있다

숲이 우거져도
그늘에 갇혔던 나무가 중심이 돼도

외면한 채,
굳은 결의였던 옹이마저 풀어내며

도끼날 같은 바람이 몸을 찍을 때마다
휘청휘청 허공을 걷고 있다

탈피하듯 숲을 빠져나가고 있다.

복福자 사기그릇

마당구석 수북 내놓은 쓰다만 그릇이 발에 툭 채이자 이리저리 나뒹굴며 소리를 쏟아낸다

쪼들릴 때 내쉰 한숨, 누이 혼수품으로 싸운 이야기, 남의 논 물꼬 튼 애기 등 시시콜콜한 집안일까지

어떤 그릇은 부부싸움에 끼어들었다가 박살나기 직전 두려움에 속병 앓아 힘없이 깨진 놈도 있다

그릇은 모자라거나 넘치거나 뜨겁거나 차갑거나 무심無心으로 산 탓에 모두 큰 탈 없이 그럭저럭 잘 늙어 있다

그릇들이 흙이었을 때 수없이 짓밟히고 짓이겨진 뒤 물레의 형틀에서 어질병 앓고 다시 불가마에서 다비식을 끝낸 후,

완전한 그릇이 된 것들이 오늘은 단단한 틀을 벗느라 바싹바싹 깨졌다.

 우리 집 소리는 집안에서 삭여야 한다며 어머니가 울타리에 쌓아놓은 사금파리들이 밭갈이 할 때마다 한 조각씩 묻어든 탓인지

 텃밭의 한 소쿠리 채소는 씹을 때마다 매번 바삭거렸다.

멸치꽃

머리 떼고 꼬투리 깐다

오장을 쥐어짠, 비린 씨앗 한 알
쥐눈이콩이다

아! 멸치가 바다의 꽃이었나

TV에서
돌고래에 쫓기던 멸치 떼 광휘하던 꽃잎 보았다

그 기억 말아 쥐고 단단히 바다를 문 씨앗

수평선까지 펼친 텃밭에 묻자

금세 햇살의 맥박을 맞춰 바다는
팔딱이기 시작했다

비린내 만발한

저 은백의
꽃.

두레박

그는 우물에 빠뜨린 두레박이다
끈을 놓치자 툼벙, 떠나간 그를
잡아주지 못했다
우물은 깊고 난 어렸으므로
갈수기 때면
한낮의 햇살이 수면 가까이 들어올려
끈의 홀친 매듭이 꽃봉오리처럼 보였다
그때도 우물은 내 안에 뇌수처럼 흘러 넘쳐
잡아주지 못했다
그 후 커갈수록 물의 깊이가 빠져나간
우물은 초분草墳이 되어 있었다
깨지고 무너진 흔적 잡초만 무성했다
두레박은 말라죽은 화초처럼 녹슬어 있고
끈은 매듭을 풀지 못한 채 삭아
마치 목마른 뿌리처럼 박혀 있었다.

빗방울꽃

잎도 뿌리도 없이 하늘에서 내려오는
빗방울꽃 아세요

국적은 없지만 원산지가 하늘인 꽃
나뭇잎 시멘트 돌멩이에서도 피는 꽃
빛깔도 향기도 없는 생생한 물주머니꽃
또는 하늘꽃
망울이 터지는 순간 씨앗을 퍼뜨리는 꽃
시냇물 연못에 방울방울 피었다 한몸이 되는 꽃
그 유혹에 취한 나무들이 아랫것 빳빳이 세우는
성미도 아시나요

오늘은 장마라는 품종의 물꽃들이
손과 손 맞잡고 겁 없이 뛰어내리네요
창밖엔 하늘꽃 넝쿨이 산을 깨우는 소리
춘향가 한 마당 절창이네요.

시집 한 권

한 밤 중 선잠 깨, 매미소리 듣는다
지난여름 울던 참매미 소리다
오수를 즐기던 아버진 참 징허다했고
시인은 매미가 울어 여름이 뜨겁다던
그 소리,
찬바람 막은 커튼을 채치고 소리를 살핀다
장롱 구석에서 들려왔다
어제 침대 옆에 떨어져 있던 시집 한 권
발로 툭 차 뒹굴어간 곳이다
눈길 한번 주지 않은 그 시집이 울음통이었나
노시인의 막무가내 호통처럼 어둠 속에서
더 하얗게 들린다
몸이 허공이 되도록 뽑아내는 명주실 같은 울음
밤새 몸에 감았다
이른 아침 햇살 속에 풀어주자
그때서야 동면에 든 듯 고요했다.

제3부 몽돌, 파도를 감으며

몽돌, 파도를 감으며

내가 던진 화두다
거대한 몸뚱이 뒤채고 비틀어 빚은
발음되지 않는 언어다
세상 헐거워, 소리 뒤바뀔 때마다
침묵의 끝, 닿지 않는 곳까지 부서진 파도
분명 그건 다듬고 다듬어 빚은 울림
말씀일진대
온몸으로 감아 구르지 못하고
세상이 내지른 질문에 취한
우매한 중생은
몇 겹을 구르고 굴러야
몽돌이 될까
물소리 깊은

난, 늘 소리만 높다.

블랙홀

모든 길은 도시의 탯줄이다
사람들은 그곳에 대고 양분을 빨고 있다
세일을 외치는 날은
주차장마다 승용차로 빼곡하다
과일, 생선, 란제리, 코너 코너에
사람들을 몰아넣고 외친다
판매복음 제1장
바겐세일, 판매술의 말씀을 설법한다
그때 간증하는 자의 표정이 어찌나
상큼한지
맹신하는 신도들이 장바구니 가득
도시를 퍼준다
그때마다 재래시장 좌판의 시든 복음은
여지없이 내쳐졌다
그때도 마트는 도시를 빨아들이려고
블랙홀, 우주의 호흡을 흉내내고 있다.

장미

물컹한 젖무덤 같은 허공
주무르며

몰캉몰캉 꽃 폈다

하도 예뻐,

꽃잎 한 번 만져보고
향기 한 번 맡은 것뿐인데

말벌 한 마리 쏜살같이 날아와

그 무슨 못된 짓이냐고
뒤통수 톡, 쏜다.

그리고 저는 붉은 속치마 들추고
꿀샘에 들어 앉아

한나절이 지나가도록
빨고 핥는 중이다.

점포 임대

빈 둥지는 철새를 기다리고 있다
한때, 창 너머 아이들 웃음소리
떼져 몰려다니던
골목, 상가는 완전히 얼어붙었다
이제 그들은 세상에서 섭렵한
온갖 수단의 필살검을 휘두르고 있다
세일, 땡처리, 점포정리, 폐업권까지
그래도 귀먹고 눈먼 듯 세상은 고요하다
통장 털어먹고 쌀통마저 비운 그들이
최후 수단인 파산권을 빼들고
삼십육계 한 둥지는
점포 임대만 품고
봄이 오고 겨울이 다 가도록
펄럭펄럭,
헛발질만 하고 있다.

칼

시계를 보면 보인다
몇 시일까 궁금한 순간도 째깍째깍 잘리는 내가
거울 앞에 서면 더 선명해 소스라친다
골목에 뛰노는 아이들 웃음소리까지
자동차 굉음이 삼켜 흔적 없이 사라져도
햇살은 아무렇지 않게
세상 구석구석까지 모여 꽂히듯
세월도 부딪치는 건 모두 자르는 망나니 칼이다
쉴 새 없이 세월에 패인 주름이
몸 구석구석까지 파고들어 삼십 년 전
아버지로 조각 된 지금, 두렵다
빛, 소리, 시간의 끝이 침묵임을 알기에
서랍에 주머니에 손만 넣어도
쑥쑥 빠져나가는 목숨줄,
수시로 뒷걸음쳐 생을 늘려 보지만
그는 늘 웃는 얼굴로 곁에 눌어붙어
생의 행간을 빠져나간 흔적을
주름으로 접고 있다.

국수

냄비에서 혀를 날름거리며 물이 끓었다
국수 한 묶음 풀려주자
뽀글뽀글 면발을 씹기 시작했다

펄펄 끓는 냄비 같은 사무실, 자본의 아가리에
씹히지 않으려고
눈치껏 몰려다니다
규율에 삶아져
면발처럼 순치된 누이와 형들이
그의 입맛대로
애호박 채쳐 넣은 뜨거운 국물 속을 헤엄치기도 하고
매운 고추장에 비벼지거나
낙지볶음 사리로 파견 돼
온몸 씹히고도
명퇴나 조퇴로 내몰리기도 했다

오늘 난 국수를 먹는다
냄비 물에 씹혀 상처뿐인 알몸, 그 허기에
맵고 짠, 잔소리 팍팍 풀어
이 시대의 가장 슬픈 배를 채운다.

편자를 박다

낡은 의자에 편자를 박는다

불혹의 초입에서 파경을 맞은 누이가
망치질을 유심히 보고 있다

의자가 몸을 세우자

중심은 탄탄한지
이음새에 삐걱거림은 없는지
살피던 누이가

햇살이 검붉은 못을 친
행복약국 간판만 뚫어지게 보고 있다

팔자를 고쳐 볼 심사일까

행복이란 글씨에도 편자가 참 많다고
자꾸 귀를 간지른다.

고추장 담그기

고춧가루, 쌀가루, 메줏가루 버무려
어머니는 고추장을 담그고 계셨다

산다는 건 때로 혀가 뜯기듯 맵고
잇몸이 타는 듯 짜지만
제 맛 내세우지 않고
어울려 살다 보면
우러날 것 우러나고
곰삭을 것 곰삭아
마침내, 향 그윽한
맛이 된다고
얼얼한 손맛까지 눌러 담아

소금 한 줌 듬뿍 쳐
입을 봉하셨다.

파도여인숙

서해 파도여인숙에 들었다 방에는
불륜이 낳은 홍합 따개비 고둥 등이 벽에 찌든 어둠
쪽쪽 빨고 있다
수면 가까이 석관처럼 줄지어 있는 방은 물때가 되면
잠겨, 살림의 흔적이 지워지기도 했다
창문에 별을 하나 둘 내걸면
어둠이 환한 마당엔 배 몇 척도 끌려와 출렁였다
그때마다 딱딱한 외투를 걸친 바닷가 여인들은 깨끗한 방 있다고
은빛 생을 흔들며 거침없이 갈매무늬 사내의 품에 안겨
철썩철썩 젖어,
어느 사이 시큼한 물줄기가 흘러나오기도 했다
이곳에서 새끼가 애비 모르는 일 따윈 일상이 되었다
희망은 꿈이 빠져나간 녹슨 철근처럼 싹수가 빨갛다
모든 것이 절망의 끝처럼 보이는 이곳도
아침은 언제나 금빛 태양이 떴다 그때마다
갈매무늬 사내들은 휘파람 불며

뭍을 버린 뱃고동같이 먼 항구를 향해 지느러미 퍼덕였다
 그때서야 별빛 시든 파도여인숙은 고요에 빠져들었다

 뻐꾹, 하고 날아간 개개비 둥지처럼.

민들레

노동자의 헤진 신발에 다져진 보도블록
사이, 민들레꽃 폈다

상급학교 진학하겠다는 말에
무슨 얼어 죽을 놈의 핵교냐고
집안일 건사乾飼하라는 꾸지람에

책가방 내던진 산모퉁이 밭둑에서
본,
그 꽃이

몇 잎은 문드러진 채, 남은
몇 잎의 힘으로

우담바라

꽃도 향기도 없어 아무짝에도 쓸모없다고
소박맞던 날도
숯덩이 같은 불꽃 피우느라
입, 꼭 틀어막고
헛구역질만 매듭 치던 무화과

오랜 안거安居 있었는지

길쭉하지도 날카롭지도, 그렇다고
둥글지도 못한
불두,
몸을 연다

우담바라.

물의 씨앗

한바탕 비 지나간 뒤
처마 끝에 맺힌
물의 씨앗이
뚝, 뚝, 떨어졌다

아이가 도랑에 둑을 쌓자 자루에 쌓이듯 물이 차올랐다
둑에 꽂은 호박잎 대궁을 타고 텃밭에 졸졸 흘려보낸
물은 흩뿌린 씨앗처럼 한살인 듯 흙 속으로 파고들었다

그 후,
상어이빨 같은 싹이
줄기를 세워
바람 불 때마다
쏟아질 듯
하늘을 향해
비,비,비 시퍼렇게 흔들렸다.

현실

나무를 베면 그림자도 베인다
세상 이치다

눈 감지 않고
귀 닫지 않고
우주를 보겠다고

내 안은 소란스럽다

나를 베지 않고 그림자만 베겠다고.

제4부 벼랑

의자 바퀴자국

쪼그려 앉아 글 쓰는 게 측은했던지
의자를 사왔다
편히 쉴 회전의자는 아니지만
그 안락함에 빠져있다
일어나자
장판에 벌써 의자바퀴자국이 났다며
흔적을 닦던 아내가
투덜대며
책상을 옮겨 가리자한다
확 뜯어내지 못하고
눈가림으로 급급하게 산 탓일까
감쪽같이 흔적을 가린
아내와 난 마주보고 웃었다.

붉은 주먹

농사지어 빚 갚으면 또 빚뿐인 정 씨
서울로 떠나며
우리 집 정원에 심어놓고 간 단풍나무
아버지는 그도 식구라고
빳빳이 고개 들고 사는 게
몹시 불안했던지
우듬지 잘라 둥글게 말아주었다
다음 그 다음 해에도
여지없이 전지의 아픔을 맛봤다
그런 어느 가을,
정원에
붉은 주먹 하나가
하늘을 향해 쳐들고 있다

수매값 인상을 외쳤던 정 씨
그, 주먹처럼
불끈

허리가 굽는 이유

그땐 몰랐다
내 무게만큼 가벼워진 아버지
허리가 왜 자꾸 꺾이는지
농산물 파동 때마다 가슴 찢어발기면서
애성받이 자갈밭은 왜 그토록 일구려 했는지
가을볕에 콩알 튀듯 자식 놈 떠날 때
이미 뿌리박지 못할 땅인 줄 알면서도
농부는 논두렁에 매어 있어야 한다며
더 이상 꺾이지 않는 허리 움켜쥐고
풀썩, 쓰러져 눕던 날 알았다

산비탈 밭두렁에 근심으로 자란 잡초를 보며
왜 그토록 허리 굽혀 살려 했는지

녹차 한 잔

한 잔의 차를 대할 때면 조선여인을 만난 듯
숙연해진다
연둣빛 젖살을 가진 그녀는
오래 묵은 말﹃ 말아 쥔 침묵이다
구중구포의 뜨거움 속에서도 결코 들뜨지 않는 여자다
그녀와 마주하면 나는 마음부터 묽어진다
처음 대했을 땐 까칠한 듯 씁쓸했고
다음엔 무미무취했고
그 다음엔 달빛이 창호지에 스미듯 은은한 향기였다
그녀가 그리울 땐,
운암강가 '하루'에 갔다
신열을 달인 물, 한 김 내보내고
살포시 적셔주면
앞섶 말아 쥔 옷고름 풀 듯
품내 풀어내는
그녀와

곡우 무렵, 나는
뼛속까지 녹여낼 뜨거운 입맞춤으로
꼭, 통정하는 사내다.

키스마크

내 마음을

너에게

넣어

준

붉은

우편함.

육탈의 고등어

깊숙이 무늬 저며
바싹 구운 고등어 한 마리 통째 밥상에 올랐다
저민 이랑마다 파도가 지글거린다
파도를 밀치고
젓가락으로 등을 가르자

가시가 노처럼 촘촘히 박혔다

살 다 발리고
숨소리까지 내게 옮겨준 뼈 앙상한 그가
물때가 되자
삶의 모양을 슬쩍 바꾼 것뿐이란 듯
심장이 빠져나간 자리에 가시를 박고
오어사吾魚寺* 개천의 물고기마냥
노를 저었다.

* 오어사에서 수도하던 원효와 혜공이 개천에 뼈만 남은 채 죽은 두 마리의 물고기를 법력으로 생환하기로 시합을 했다. 두 마리 중 한 마리만 살아 헤엄쳐가자 서로 자기의 법력이라 우겨 나 오吾와 고기 어魚를 써 오어사라 불렀다.

아내의 눈물

깊이를 잴 수 없는 절망에

누가 훔쳐다

놓은 새벽인가

염치없이

불쑥 솟은 동해의 일출.

눈 깜작한 사이

아파트 정자에서 중년여인이 흐느끼고 있다
면식이 있는 듯 아내가 어깨를 감싸자
하소연하며 통곡한다
눈 부릅뜨고 그 놈의 바람기 지켰는데
눈 깜작한 사이 사라졌다고 육두문자를 쏟아낸다
고여 있던 슬픔도 출렁이며 흩어진다
아내 몰래 나도 죄를 손가락 꼽아본다
접었다 펴도 마음은 자꾸 헤아린다
힐끗 곁눈질로 살피자
다행이 아직도 아내는 열심히 조잘거리고 있었다
마음 놓고 다시 본 순간,
이번엔 아내가 흐느끼고 있는 거였다
오히려 그녀가 치근하게 바라보고 있다
이미 모든 내 죄를 다 알고 있었던지
두루마리 채 펼쳐놓고 있다
어떻게 저 작은 가슴에 큰 비명을 숨기고 있었을까.

금붕어

철만 되면 거센 물살 거슬러 오르겠다고
금비늘 반짝이던 금붕어
어항속 물길만 맴돌고 있다
저녁 내린 들판에
개망초꽃 하얗게 흐드러져도
서슬 찬 목소리로
항변하지 못하고
어분 몇 알에 길들여진 그는
실어증 환자처럼
입만 뻐끔거리고 있다
어항, 물만 갈아도
새 시대가 왔다고
좋아라
꼭두각시춤을 춘다.

하회탈

벽에 걸린 아버지가 웃고 있다

노역의 골, 참 깊다

언어가 생략 된 생의 부호다

웃지 않으면

보여줄 수 없어

필사적으로 웃는 하회탈.

죽순

급한 마음이 후미진 대밭에

허리끈 풀어 물길을 트자

급경사를 흘렀다

며칠 후 그 곳을 지나다

그때 그 자리에 꼭 그것만한 것이

불쑥, 솟아 있었다

그의 밑둥 살피다

문득, 오싹함을 느꼈다

아무데나 싸면 거시랑 문다는 어머니 말씀,

난 정말 물렸나보다

달

참 희한稀罕다
세상,

저 시커먼
어둠,
핥으며

정기 간행물처럼

제 몸집 불리는
놈,
있다.

벼랑

평생 땅을 지켜온 아버지 손을 펴 보았다
손바닥에 얼마나 칼금을 그었는지
물소리 다 빠져나간 폭포 같다
아니, 다 놓아버린 벼랑 같다

그래도 괜찮다며
농부의 꿈은 잡초 같아서 뽑아도
언제나 푸르다고
등불에 그을음 피면 가만히 심지를 낮추던
모습처럼 아버진 고요했다.

■ 해설 1

곰삭는 슬픔과 분노와 절망

鄭 洋(시인, 우석대 교수)

■ 해설 1

곰삭는 슬픔과 분노와 절망

鄭 洋
(시인, 우석대 교수)

　한국전쟁 직후 미당이 '대한민국 시인 서정주'라는 명함을 만들어 만나는 이들에게 돌린 일이 있었다고 한다. 당시 문단의 선후배동료들로부터 건방지다느니 돌았다느니 말들이 많았다지만, 그건 도광韜光의 금도를 짓밟는, 그래서 빈축을 살 만한 뻔뻔함이라기보다는 시인을 푸대접하는 세상에 대한 미당 나름의 자학적 역설이었지 싶다. '시인 아무개'라는 명함이 너무 흔해서 아예 얘깃거리도 못 되는 오늘날에 이르러 그 무렵을 돌이켜보노라면 그 명함은 오히려 당당하고도 당연한 명함이 아니었나 여겨지기도 한다.

'OO아파트 관리위원 아무개'라는 명함을 만들어 만나는 문인들에게 돌리던 시인도 있었다. 시인 류근조의 젊었을 때 얘기다. 그 또한 모양새는 달라도 서정주 시인과 마찬가지로 자학적 역설이었음이 분명하다.

양주동 선생은 당신이 죽으면 문학박사, 영문학자, 국문학자, 교수, 학술원회원, 문학평론가 등등 당신에 관한 그 많은 호칭들 다 그만두고 '시인 양주동'이라고 새긴 빗돌을 당신 무덤 앞에 세워달라고, 이 세상에 '시인'처럼 아름다운 호칭은 없노라고 강의실에서 학생들에게 말씀하시곤 했었다.

10여 년 전에 타계하신 박희선 시인의 첫 시집인 장편 서사시 『새앙쥐와 우표』에는 학병으로 일본군에 끌려갔다가 탈출한 뒤 나그네가 되어 중국천지를 떠도는 '아저씨'라는 시인이 있다. "아저씨는 시인이라며?"라는 주인공 소년의 느닷없는 물음을 듣고 마치 감전이라도 된 것처럼 손가락들을 파르르 떨면서 작약 뿌리들 들추던 손가락 사이로 흙부스러기를 못 견디게 흘리며 주춤하고 서 있던 그 '시인 아저씨'도 내게는 영 잊히지 않는 기억 속의 시인이다.

양주동처럼 직설적이든, 서정주나 류근조처럼 역설적

이든, 박희선처럼 전율적이든 그들 모두 '시인'이라는 호칭을 끔찍이도 소중하게 여겼다는 공통된 사실을 나는 인정하지 않을 수가 없다. '시인'이란 도대체 얼마나 아픈 이름인가를 나는 지금껏 가늠하기가 어렵다. 시인이 많으면 많을수록 그 이름은 더 아프기 마련인 것 같다.

최근 우리 문단에서는 공해公害라는 말이 자주 쓰인다. 소음공해, 분진공해, 악취공해 등등 환경공해를 곧바로 연상하게 하는 소위 문인공해文人公害라는 말이 최근 선거에 동원되는 문자메시지 공해와 겹치면서 새삼 실감난다. 그 수효를 헤아려보지는 못했지만 대충 짐작하기로는 문인이 우리나라처럼 많은 나라는 아마도 이 세상에 없을 것이다. 깡패나 도둑놈이 많은 것보다야 한결 다행한 일 아니냐고 여기는 이도 없지는 않다. 그러나 귀하게 여겨야 마땅한 것이 함부로 천해지는 현실 또한 깡패나 도둑놈이 많은 것 못지않게 이 세상을 해롭게 할 게 불 보듯 뻔하다. 문인공해라는 말도 필시 그래서 생겼을 것이다.

그 문인들 중에도 다행인지 불행인지 시인이 압도적으로 많다. 문인지망생들 중 시인지망생 또한 압도적으로 많다. 그러나 시집이 베스트셀러가 되기도 하는 21세기의 이 희한한 시인공화국이 아무래도 다행한 나라 같지는 않다. 시인공해에 묻혀 천해질대로 천해진 우리나라의 그 많은 시인들은 대부분 시인이라는 이름을 그처럼 끔찍이 여기면서도 사실은 시인이라는 이유로 한세상을 기죽어 산다. 잘나가는 시인들도 더러 있지만 그들 또한 주된 벌이는 시 쓰는 일이 아니다. 시인을 부러워하는 이들이 아직도 없는 건 아니지만 세월이 흐를수록 시인을 측은하게 혹은 안타깝게 여기는 이들이 늘고 있다.

유대준의 두 번째 시집 『춤만 남았다』의 초고를 읽으면서 나는 내내 즐겁고 아프고 속이 상했다. 진지하면서도 단호하고 섬세하면서도 과감하고 열정적이면서도 속이 꽉 찬 유대준 시인의 시적 몸가짐과 그 솜씨들이 즐거웠고, 그가 겪어야 했을 우리의 그 공해가 새삼 아팠고, 그런 시를 쓰면서 시인으로서의 그가 감당해야만 했을 문단적 사회적 외로움 때문에 속이 상했다.

내킨 김에 나는 그의 첫 시집 『눈 바로 뜨고 게는 옆으로 간다』를 다시 읽었다. 그의 첫 시집에는 산업사회에서의 농촌의 위상을 가늠하고자 하는 농민시들이 많다. 농촌시나 농민시나 별로 다를 게 없는 말이긴 하지만, 농촌시는 전원시와도 비슷하게 여겨지는 혐의를 안고 있어서, 그리고 유대준의 첫 시집에는 오랜 세월 동안 표본적으로 착취당해 온 이 땅의 농민과 민중의식과의 혈연관계를 밝혀보고자 하는 의도가 강하게 작용하고 있어서 나는 그의 첫 시집에 농민시라는 말을 꼭 쓰고 싶다.

이운룡이 평설에서 밝힌 바처럼『눈 바로 뜨고 게는 옆으로 간다』는 우리의 농경문화와 농촌현실과 민중의식을 격렬한 호흡으로 탁월하게 연결시킨 시집이다. 외면해서는 안 되는 농촌현실이 무참히 외면당해 왔던 것처럼 '90년대 후반, 우리 문단에서 거대담론이 소외당하는 무렵에 발간된 이 시집은 문단의 관심을 기대만큼은 이끌어내지 못했던 것 같다. 그러나 그 순도 높은 자생적 진정성과 민중적 치열함의 시적 몸부림은 우리 민중문학사에서 오랫동안 각별한 관심의 표적이 될 것이다.

『눈 바로 뜨고 게는 옆으로 간다』에는 '농부', '농사꾼', '농투산이'라는 말이 도합 48차례, '어머니'가 41차례, '아버지'가 32차례, '아내'가 15차례 나온다. 시어의 사용빈도를 헤아려 시집에 접근하는 것은 결코 바람직하거나 유쾌한 일은 아니다. 그것은 자칫 시에 관한 접근을 도식화해버리는 위험을 내포하고 있을 터이다. 그

럼에도 불구하고 특정 시어들의 사용빈도를 구태여 헤아리게 되는 이유는 우선 그 말들이 이 시집에 유난히 자주 쓰였기 때문이고, 그렇게 자주 쓰인 말들이 그의 두 번째 시집 『춤만 남았다』에 어떻게 영향을 주고 있는지를 가늠하기 위해서다.

우리가 겪은 한 시대의 표본이 될 만한 농민시에 '농부', '농사꾼', '농투산이'라는 말이 많이 쓰인 것은 당연한 일이다. 당연하기 때문에 그 말들은 사실 별로 관심의 대상이 될 말은 아니다. 그러나 그 당연한 호칭들이 이 시집에서는 '아버지'와 '어머니'라는 프리즘을 거쳐서 사회적으로 객관화 된 호칭임을 간과해서는 안 될 것 같다. '농부', '농사꾼', '농투산이'는 '아버지'와 '어머니'의 슬픔과 분노와 절망과 한, 그리고 그 '아버지'와 '어머니'에 대한 화자의 연민이 곁들여 빚어진 이름들인 것이다.

'어머니'라는 말을 즐겨 사용한 시인으로 알려져 있는 신석정의 첫 시집 『촛불』에는 '어머니'가 25차례 나온다. 그러나 신석정의 두 번째 시집인 『슬픈 목가』에는 그 '어머니'가 딱 한 차례만 사용된다. '어머니'라는 말의 이처럼 현격한 사용빈도는 두 시집의 시창작방법상의 차이뿐만 아니라 두 시집 사이의 심각한 정서적 변화를 암시하고 있다. 어떤 이들은 신석정 시인의 『촛불』과 『슬픈 목가』를 비슷한 경향의 신석정의 초기시로 여기기도 하지만 그것은 그런 차이와 변화를 미처 파악하지 못한 결과일 것이다.

첫 시집 『눈 바로 뜨고 게는 옆으로 간다』와 새로 출간되는 두 번째 시집 『춤만 남았다』도 신석정의 경우와 마찬가지로 아마 유대준의 초기시에 해당할 것이다. 그리고 신석정의 초기시처럼 유대준의 두 시집도 그런 차이와 변화가 확연하다. 우선 시어의 사용빈도를 살펴보면 『눈 바로 뜨고 게는 옆으로 간다』에서 48차례나 쓰인 '농부'라는 말이 『춤만 남았다』에서는 딱 한 차례만 쓰였다. 첫 시집에서 41차례, 32차례 쓰이던 '어머니'나 '아버지'도 두 번째 시집에서는 8차례와 6차례로 줄어든다. 이처럼 특정 시어의 사용빈도의 차이는 시집의 내용에 상당한 변화가 개입되었으리라는 것을 적극적으로 암시한다. 그런 사실들을 바탕 삼아서 이제 유대준의 두 번째 시집 『춤만 남았다』의 시적 몸가짐과 시대인식의 폭을 그의 시작품들을 대상으로 살펴야겠다.

앞에서 언급했던 '아버지'라는 말이 『춤만 남았다』의 초고 맨 첫 작품과 맨 마지막 작품에 나오는 것이 눈길을 끈다. 그 사용빈도는 32차례에서 6차례로 줄어들었지만 '아버지'는 여전히 유대준 시세계의 질긴 끈이 되어 있음을 우리는 진지하게 확인한다. 먼저 그 첫 작품의 시적 몸가짐을 살피면서 『춤만 남았다』의 내면풍경에 접근하기로 한다.

    움켜 쥔 손마다 핏빛이다

    손톱 밑 돌은 봄 뜯고 뜯던 아버지
    절망의 깊이까지 자란
    붉은 가슴앓이

    저건
    응고되지 않은 심장이다.
                                —「감」 전문

  시집의 들머리에 놓인 이 작품은 먼저 짧은 형식에 담긴 복잡한 비유구조가 읽는 이들의 눈길을 끈다. 앞서 살핀 것처럼 시인 유대준에게 '아버지'는 고향과 농촌을 동시에 환기시키는 상징이다. 이 시의 화자는 아버지로 상징된 고향(농촌)의 응고되지 않은 가슴앓이와 그 절망을 감과 심장의 붉은색과 둥그스럼한 형태를 근거삼아 연결하고자 한다. 감과 아버지와 고향과 농촌과 절망과 가슴앓이와 심장의 이러한 비유 구조가 감과 심장의 둥그스럼한 형태와 붉은 색이라는 시각視覺, 그리고 물컹거리는(응고되지 않은) 촉감觸感으로 선명해진다. 다시 말해서 이 시의 이러한 공감각적 컨시트conciet(奇想)는 아버지의 손에 쥐여진 물컹거리는 감과 고향(농촌)의 응고되지 않은 가슴앓이를 곧바로 다가서게 하는 것이다.

일반적으로 가을의 풍요와 고향의 정감을 상투적으로 드러내는 농익은 감을 이처럼 고향(농촌)의 응고되지 않은 가슴앓이로 읽게 하는 낯설게하기(defamilarization)는 이 시를 읽는 이들에게 신선한 공감을 제공할 것이다. 그 신선한 공감은 시 읽는 즐거움을 배가시키기 마련이다. 가슴앓이를 읽으면서 즐거움을 느낀다는 건 얼핏 말이 안 되는 것 같지만, 술꾼들에게 안주 들어가는 데와 술 들어가는 데가 따로따로 있다듯이 시 읽는 이들에게도 또한 그 비슷한 것일지도 모를 일이다.

이 작품에서 우리가 또 한 가지 눈여겨두어야 할 점은 유대준의 시에 형성되고 있는 사회적 관심의 끈이다. 첫 시집의 슬픔과 분노와 절망이 객관적 상관물로 음각되는 시적 변화를 보이고는 있지만 이 땅의 농민에 대한 그의 관심은 여전히 질긴 끈처럼 팽팽한 긴장으로 유지되고 있다. 좋은 시인과 삼류시인이 쓴 작품들을 개별적으로 보면 우열의 차이가 별로 드러나지 않지만 그들의 작품을 전체적으로 보면 삼류시인의 작품에서는 찾아보기 힘든 세계관이나 역사인식의 일관성이 좋은 시인의 작품에서는 어렵지 않게 짚인다고 했던 엘리어트의 말이 새삼스럽다.

첫 시집 『눈 바로 뜨고 게는 옆으로 간다』의 2부에는 '농민', '어머니', '아버지' 같은 말들이 단 한 차례씩밖에 나오지 않는다. 그 대신 '아내'라는 말이 10차례나 나온다. 1부와 3부에 집중되어 있는 슬픔과 분노와 절망이 '아내'로 지칭되는 현실(도시생활) 속에서 내면화되는 가닥을 첫 시집의 2부에서 이미 잡고 있었던 걸로 여겨진다. 『춤만 남았다』에 이어지는 그 내면화는 슬픔과 분노와 절망이 삭는 과정이다.

'넘다'와 '남다'는 각각 다른 말이면서도 서로 혈연관계를 유지한다. 남는 건 넘는 거고 넘는 건 남기 마련이다. '썩다'와 '삭다' 또한 그 비슷한 혈연이 개입된 말 같다. 그대로 두면 썩을 수밖에 없는 슬픔이나 분노나 절망, 그것들 때문에 일생이 망가지기 십상인 것들을 썩도록 내버려두지 않고 삭이며 사는 것이 우리네 삶의 슬기다. 슬픔과 분노와 절망을 삭이는 것, 그것이 바로『춤만 남았다』의 주요 시작품에 이어지는 내면화다.

　슬픔과 분노와 절망, 그 눈물이나 몸부림이나 땅이 꺼지는 한숨만으로는 다 감당할 수 없는 것이 이 세상의 질서이며 우리네 삶의 무게다. 곰삭은 젓갈처럼 그 눈물과 몸부림과 한숨과 세월을 버무려 발효시킨 슬기로 우리는 한세상을 삭이며 살아간다. 유대준의『춤만 남았다』에는 그렇게 발효되어 삭아가는 우리시대의 절망과 분노와 슬픔이 차곡차곡 담겨 있다.

　　고춧가루, 쌀가루, 메줏가루 버무려
　　어머니는 고추장을 담그고 계셨다

　　산다는 건 때로 혀가 뜯기듯 맵고
　　잇몸이 타는 듯 짜지만
　　제 맛 내세우지 않고
　　어울려 살다 보면
　　우러날 것 우러나고
　　곰삭을 것 곰삭아
　　마침내, 향 그윽한
　　맛이 된다고

얼얼한 손맛까지 눌러 담아

소금 한 줌 듬뿍 쳐
입을 봉하셨다.

— 「고추장 담그기」 전문

'얼얼한 손맛까지 눌러 담'은 어머니의 고추장 항아리 안에서는 '혀가 뜯기듯 맵고 잇몸이 타는 듯 짠' 우리네 삶이 세월과 더불어 맛깔스럽게 곰삭을 터이다. 이 고추장 항아리는 우리시대의 고통이 내면화 된 이 시집의 진국을 고스란히 담고 있는 것 같다. '입을 봉하'는 것은 고통의 내면화를 위한 애이불비哀而不悲의 필수조건일 터, '입'의 중의적 표현도 우리의 언어생활 속에서 이미 곰삭아 전혀 이물감이 없다. '소금 한 줌 듬뿍 쳐 입을 봉하'는 어머니의 솜씨를 빌려 시를 마무리하는 시인의 깔끔한 솜씨도 시 읽는 맛을 돋군다.

이러한 고통의 내면화는 그 모양새를 바꿔가며 이 시집의 곳곳에 요긴하게 흩어져 있다. 「국수」에서처럼 '자본의 아가리에 / 씹히지 않으려고 / 눈치껏 몰려다니다 / 규율에 삶아져 // 애호박 채쳐 넣은 뜨거운 국물 속을 헤엄치기도 하고 / 매운 고추장에 비벼지거나 / 낙지볶음 사리로 파견 돼/온몸 씹히'면서 뜨거운 냄비 물에 삶아지기도 하고,「껌」처럼 '시멘트 위에 각질로 붙어//까맣게 봉인' 되어 있거나「자라감자」처럼 '숨 가쁜/전력질주'로 '한 뼘이 한 생이듯 한 땀 한 땀/허공을 꿰매며' 잎을 티우기도 하고.「두레박」에서처럼 '매듭을 풀지 못한 채 삭아 / 목마른 뿌리처럼 박혀 있'기도 한다.

국수나 껌이나 자라감자나 두레박 같은 상관물들을 통하여 그렇게 내면화 되는 슬픔과 분노와 절망은 더러는 비극적 세계인식에 닿아 곰삭기 이전의 원형적原型的 모습을 확인한다. 표제작인「춤만 남았다」가 그 전형이다.

> 허공에 눌려 ㄱ자로 굽은 할머니
> 땅만 보며 아주 느리게 걷는다
> 겨우 한 걸음 내딛기 위해
> 구석구석 온 힘을 발목에 모아
> 걸음마 익히는 첫돌박이처럼 몸을 비튼다
> 쉬엄, 쉬엄, 한 걸음 내딛을 때마다
> 바람과 구름의 표정을 읽으며
> 길의 방향을 찾는 듯
> 송신 끊긴 안테나, 미간의 주름을 접었다 펼치며

두리번거리기도 한다

할머니에겐 길이 허공에 매단 외줄인 듯

꼽추가 맘보춤을 추듯

비틀비틀 감나무 아래까지 왔다

미세하게 어두워지는 초저녁 무렵

더 느리지 않고는 이승 빠져나갈 수 없는 속도로

한 걸음 뗄 때마다 몸을 마구 흔든다

지난 날 움켜잡은 시간의 끈이

발목을 감는지

점점 걸음은 없어지고

아득하다

춤만 남았다.

— 「춤만 남았다」 전문

 '더 느리지 않고는 이승을 빠져나갈 수 없는 속도로/ 한 걸음 뗄 때마다 몸을 마구 흔' 드는 할머니의 춤은, 춤이라는 말이 본래 지니고 있는 흥겹고 신명나는 리듬에 찬물을 쫙 뿌려대는 역설적 충격으로 다가온다. '걸음이 없어지고 춤만 남'은 인생, 그러한 비극적 세계인식의 현실적 근거는 물론 세월일 것이다. 그러나 이 작품에서의 비극적인 춤은 단순한 세월 탓이 아니다. 그것은 우리가 겪는 슬픔과 분노와 절망의 원형原型(archetype)으로 각인刻印되고자 한다.

「춤만 남았다」와 비슷한 비극석 세계인식에 닿아 있는 작품으로는 '팔 남매 키운 풍성했던 젖가슴이 툇마루에 말라붙은 살구꽃잎같이/쪼글쪼글한'「살구나무」, '내장 다 빼낸 뱃속을 소금으로 봉한 채' 스스로 자기 '통증을 발라먹고 있'는「자반고등어」, '힘껏 내리쳐도 피 한 방울 튀기지 않'는, '파멸을 희망으로 새'겨 '목판경전'이 되는「도마」, '어질병 앓고 다시 불가마에서 다비식을 끝낸 후' 그 '틀을 벗느라 바싹바싹 깨'진「복福자 사기그릇」, '살 다 발리고/숨소리까지 내게 옮겨준 뼈 앙상한'「육탈의 고등어」, '등 굽은 그 위에/관 뚜껑 닫듯, 꽝꽝 어둠만 쌓이고 있'는「수직의 힘, 그 후 – 못」 등이 손에 꼽힌다. 그것들은 모양새는 각각 다르면서도 한결같이 비극적 세계인식에 닿아 우리네 고통의 원형이 되고자하는 상관물들이다. 이러한 부류의 시를 대표하는「춤만 남았다」가 비록 표제작품이기는 하지만 그러나 이 시집의 주된 흐름은 역시 그런 절망과 슬픔과 분노를 삭이는 일에 치중되어 있다.

  햇살을 절인다. 뒤섞느라 서해가 온통 소금꽃 파도다.

숨죽어 순한 달빛 같다. 서서히, 수평선을 절이고
푸른 산맥을 절이고
하늘을 절인
짠 빛,

곰소항에 가면
탁탁, 마늘 다지는 소리 쓱쓱, 파 써는 소리
흘러든 바다에
곰삭은
햇살,

입에 쩌-억 달라붙는 맛,
볼 수 있다.
―「햇살절임」 전문

 '수평선과 푸른 산맥과 하늘을 절인 짠 빛, 그 햇살을 뒤섞어 절이느라 서해가 온통 소금꽃 파도다'로 시적 긴장을 해체시켜 다시 새겨 읽고 싶은 첫 연의 바닷가에는 마늘 다지는 소리 파 써는 소리까지 곁들여 햇살이 곰삭고 있다. 앞서 말한 고추장 항아리처럼 구태여 '입을 봉하'여 폐쇄시키지 않더라도, 수평선과 산맥과 하늘 등

등, 눈에 보이는 모든 열린 것들을 통해서 우리가 겪은 고난과 그 고통을 곰삭게 하는 「햇살절임」의 그 햇살은 실로 얼마나 두근거리는 그리움인가. '물낯바닥에 일골이나 비추는 헤엄도 모르는 아이와 같이' 우리는 모두 그 햇살 앞에 두근거릴 뿐이다. 그 두근거림은 마침내 파도에 휩쓸리는 몽돌이 되고 싶다.

    내가 던진 화두다
    거대한 몸뚱이 뒤채고 비틀어 빚은
    발음되지 않는 언어다
    세상 헐거워, 소리 뒤바뀔 때마다
    침묵의 끝, 닿지 않는 곳까지 부서진 파도
    분명 그건 다듬고 다듬어 빚은 울림
    말씀일진대
    온몸으로 감아 구르지 못하고
    세상이 내지른 질문에 취한
    우매한 중생은
    몇 겁을 구르고 굴러야
    몽돌이 될까
    물소리 깊은

난, 늘 소리만 높다.

—「몽돌, 파도를 감으며」 전문

몽돌은 '침묵의 끝, 닿지 않는 곳까지 부서진 파도'를 '다듬어 빚은 울림'이다. 그것은 또 '몇 겹을 구르고 굴러' '거대한 몸뚱이 뒤채고 비틀어 빚은/발음되지 않는 언어다' '세상이 내지른 질문에 취한' '나는 늘 소리만 높'기 때문에 이제 그 '다듬어 빚은 울림', '물소리 깊은' 몽돌이 되고 싶은 것이다. 침묵과 울림과 물소리의 청각적 몸부림으로 다듬어 빚은 단단한 촉감의 몽돌은 시각적으로도 모난 데가 없어 그 선이 부드럽다. 단단하면서도 부드러운 그 몽돌은 오랜 세월의 물소리가 깊이 곰삭아 빚어진 상관물이다.

유대준이 이 시집을 통해서 이처럼 끈질기게 추구하고 있는 '곰삭는' 것은 무엇인가? 지구가 자전하면서 공전하듯이 우리가 겪은 고통, 그 슬픔과 분노와 절망을 소금에 햇살에 절이고, 그것들을 다시 '물소리 깊은' 몽돌로 빚어내어 마침내 세상과의 불화가 잦은('늘 소리만 높은') 자아가 우주질서를 확보하려는 꿈, 자아自我가 자전하면서 세계에 공전하는 꿈, 그게 바로 곰삭는 것이다. 그것은 단순한 현실적응의 수단이나 일시적 타협이 아니고 몽돌처럼 단단하면서도 부드럽게 삶의 목적에 접근하려는 다짐이기도 하다. 시집의 마지막에 실린 작품 「벼랑」은 그런 다짐과 꿈의 밑그림이다.

평생 땅을 지켜온 아버지 손을 펴 보았다
손바닥에 얼마나 칼금을 그었는지
물소리 다 빠져나간 폭포 같다
아니, 다 놓아버린 벼랑 같다

그래도 괜찮다며
농부의 꿈은 잡초 같아서 뽑아도
언제나 푸르다며
등불에 그을음 피면 가만히 심지를 낮추던
모습처럼 아버진 고요했다.
―「벼랑」 전문

여느 시집의 마지막 작품은 그 시집에서 별로 요긴하지 않은 경우가 많다. 그것들은 대체로 잔고정리의 차원에서 끼워팔기에 동원된 혐의를 받아도 할 말이 없을 만한, 있어도 그만 없어도 그만인 경우가 대부분이다. 「춤만 남았다」의 이 마지막 작품 「벼랑」은 그러나 그런 편

견으로 접근할 작품이 결코 아니다. 이 시집에 관심이 있는 이들이라면 이 작품은 꼭 읽어야 한다. '아버지'로 시작된 이 시집이 '아버지'로 마무리되어서가 아니다. 이 작품은 이 시집의 맨 밑바닥에서 이 시집이 요긴하게 여기는 시인의 '곰삭는 꿈'을 샘솟게 하는 발원지의 구실을 하고 있기 때문이다.

어쩌면 아버지의 임종 직전이나 직후일지도 모르겠다. 아버지의 손을 펴보는 화자의 움직임이 읽는 이들에게 심상찮은 긴장을 일으킨다. 세상을 잊고 깊이 잠든 아버지에 대한 연민을 곁들여 무심히 펴본 아버지의 손바닥에는 평생 쥐고 살던 손금들이 그어져 있다. 이 세상 누구에게나 있는 그 당연한 손금이 화자의 눈에는 한세상 아버지가 겪어온 고난의 칼금으로 읽힌다. 손금이 당연한 것이듯 그 또한 부자지간에 있을 수 있는 예사로운 일일 것이다.

칼금은 이 작품의 결정적 몸바꿈을 위한 예비적 비유일 뿐이지만, 그러나 손금이 칼금으로 읽히는 그 예사로움은 이 작품의 첫 구절에 동반된 긴장감을 한결 곧추세우게 한다. 그 칼금을 보면서 '물소리 다 빠져나간 폭포', 그 폭포의 자국같이 칼금이 새겨진 손바닥이 까마득한 벼랑으로 화자의 망막에 아득하게 다가온다. 짧은

글 안에 담긴 이 손금과 칼금과 폭포와 벼랑의 비약적 비유에 이 시를 읽는 이들은 숨 돌릴 겨를이 없다. '다 빠져나간'과 '다 놓아버린'의 중첩이 시적 긴장을 배가시킨다.

'그래도 괜찮다며'의 '그래도'는 물론 고난의 칼금과 그 칼금으로 겪어낸 폭포나 벼랑 같은 절망일 것이다. 이 작품의 결정적 몸바꿈은 그 칼금을 쥔 손으로 '등불에 그을음 피면 가만히 심지를 낮추던' 아버지의 고요한 모습으로 점정點睛된다. 어쩌면이 아니라 정말 아버지의 임종 직전이나 직후일지도 모르겠다. 그 아득한 벼랑 위에 필름처럼 스치는 아버지의 모습은, 성년이 된 화자에게 수시로 몽돌처럼 단단하면서도 부드러운 다짐으로 다가오기도 하고, '혀가 뜯기듯 맵고 잇몸이 타는 듯 짠' 우리네 삶이 고추장 항아리에서처럼 세월과 더불어 곰삭아야 한다는 가르침으로도 겹칠 것이다. 바람벽에 어머니의 모습이나 두고 온 애인의 모습이 과거와 미래를 넘나들며 어른거리는 것처럼,(백석의 「흰 바람벽이 있어」) 이 작품에도 '등불에 그을음 피면 가만히 심지를 낮추던' 아버지의 모습이 그 벼랑에 자꾸만 어른거리고 있다. '등불에 그을음 피면'이라는 구절만 따로 떼어 이 시집의 표제로도 삼고 싶을 만큼 '등불에 그을음 피면 가만히 심지를 낮추던' 아버지의 고요한 모습은 이 시집 전체의 내용에 만만찮은 그늘을 드리운다.

마지못해서 쓰는 시집 발문들이 더러 있지만 이 글은 시집의 초고를 읽으면서부터 글을 마칠 때까지 그야말로 즐겁게 읽었고 즐겁게 썼다. 좋는 시를 읽는 즐거움, 문단공해 따위의 너절함을 잠시나마 잊어버리는 즐거움, 듬직한 시인이 바로 우리 곁에 있다는 즐거움 등등일 것이다.

'곰삭는' 쪽에만 팔려서 그 즐거움을 다 못 밝히고 그냥 지나친 작품들이 많다. 아무쪼록 이 글처럼 주마간산조차 제대로 못한 솜씨가 아닌, 보다 진지한 문단적 관심이 이 시집에 모아지기를, 이 시집이 우리 문단의 공해를 극복하는 짭짤한 계기가 되기를 마음 모아 바랄 따름이다.